MTS
운영 매뉴얼

교회성장연구소

평신도를 제자로, 제자를 사역자로!

Ministry Training School

MTS 다이어그램

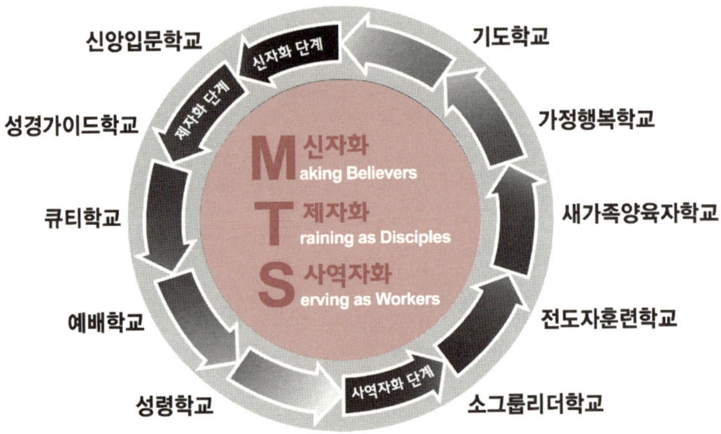

〈10단계 평신도 사역훈련 시스템〉

신자화 / 제자화 단계		사역자화 단계	
LC 과정 (Long-term Course)	IC 과정 (Intensive Course)	LC 과정 (Long-term Course)	IC 과정 (Intensive Course)
8주 코스	성령축제	8주 코스	성령축제
• 신앙입문학교(4주) • 성경가이드학교 • 큐티학교(4주) • 예배학교	• 성령학교	• 소그룹리더학교 • 전도자훈련학교 • 새가족양육자학교 • 가정행복학교	• 기도학교

Contents

1. MTS란?

1) MTS의 의미

Ministry Training School의 약자인 MTS는 그 단어가 가지고 있는 기본적인 뜻을 소개할 뿐만 아니라, 본 과정의 역할과 단계에 있어서도 중요한 의미를 내포하고 있다.

기본 의미		
M	Ministry	사역자
T	Training	훈련
S	School	학교

역할		
M	Ministry Mentoring or Modeling	가르치는 자의 역할
T	Training	배우는 자의 역할
S	Systematizing	시스템을 통해 운영

단계		
M	Making Believers	신자화
T	Training as Disciples	제자화
S	Serving as Works	사역자화

2) MTS의 또 다른 이름, SFS

MTS의 핵심이 되는 모토는 바로 평신도를 작은 예수의 삶을 사는 사역자로 세우는 것이다. 이것을 체계화한 것이 MTS의 전 과정이라고 이해할 수 있다.

작은 예수로서 나아가기 위해 예수님의 삶과 사역을 본보기로 삼아야 하는데, 그것은 가시적인 차원이 아닌 영적인 성장으로 이루어지게 된다. 성령님의 인도하심 가운데 예수님의 발자취를 따르고, 이로써 영적인 수준이 올라가게 된다.

이런 목표를 분명하게 인식하기 위하여 MTS는 SFS(Spiritual Formation Series - 영적 성장 시리즈)라는 또 다른 타이틀을 함께 제공하고 있다. SFS는 MTS가 지향하는 바를 분명하게 제시해 준다.

2. MTS의 목표

MTS를 계획하고 실행하는 교회는 교회를 위한 많은 프로그램 중 왜 MTS를 통해 훈련받아야 하는지 분명히 인식해야 한다. 이 부분을 명확히 해야 혼돈 없이 MTS를 운영할 수 있다. 특히 다음의 세 가지 목표는 MTS 과정에 임하는 훈련생보다는 실행자, 즉 교회 입장에서 상기해야 할 목표라고 할 수 있겠다.

1) 평신도를 사역자로 세우자

마틴 루터(Martin Luther)의 종교개혁이 성도들에게 성경을 돌려주는 것이었다면, 제2의 종교개혁은 성도들에게 사역을 돌려주는 것이 되어야 한다. 그동안 평신도는 교회의 재산으로서, 그 역할이 다소 얼어붙어 있었다. 이러한 평신도를 사역자로 훈련시켜 세우는 것은 교회의 갱신과 역동성을 위한 필수적인 전제조건이라 할 수 있다. 더욱이 평신도는 목회자가 갖지 못한 다양한 분야의 전문성이 있다. 이러한 전문성을 활용하여 서로를 돕게 하고 교회를 세운다면, 놀라운 성장과 부흥을 이루게 될 것이다.

2) 체계적인 훈련 과정을 제공하자

MTS는 기존의 교회 내 공동체 구조를 변화시키지 않고 체계적인 훈련 과정을 제공하는 것을 목표로 삼는다. MTS 훈련 과정을 통해 철저한 훈련을 실시하면 그 어떤 성도라도 사역자로 세워질 수 있다. 그들이 각 공동체에서 지도자로 선다면 바람직한 교회의 모습에 한걸음 더 나아가게 될 것이다.

3) 건강한 교회의 기틀을 마련하자

MTS 훈련 과정은 하나님의 일꾼으로 헌신하는 건강한 성도를 세우고, 이로써 건강한 교회로 발돋움하는 것을 목표로 한다. 건강한 교회가 세워지면 세상에서도 하나님 나라가 확장된다. 오늘날 양적으로만 부흥하고 영적으로는 퇴보하는 교회들이 생기고 있다. 양적인 부흥도 중요하지만 영적으로도 건강한 교회가 세워져야 한다. 이에 MTS 훈련 과정은 특정 교단에 치중하지 않고, 모든 한국 교회가 회복하고 강건하게 세워지는 것을 목표로 한다.

3. MTS의 신학적 근거

1) 평신도 신학

평신도 신학은 결국 교회론을 의미한다. 그리고 교회론에서의 '교회란 무엇인가' 하는 정의는 목회자와 평신도의 위치를 구분 짓는 것과 연관되어 있다. 사실 신약적인 배경에서 목회자와 평신도의 계급적인 구분은 없다. 그러나 기독교가 로마의 황제에 의하여 공인된 후, 로마 사회의 2부성(귀족계급과 평민계급)이 기독교에 침투하였다. 그 결과 목회자는 귀족계급화 되고 평신도는 평민으로 취급되어 열등한 존재로 인식되었다. 특히 로마의 귀족을 의미하는 라틴어 'Krelos'에서 목사를 뜻하는 'Clergy'가 나왔고, 평민을 의미하는 'Laos'에서 평신도라는 'Lay', 'Laity'란 영어 단어가 나온 것을 생각한다면, 이 이분법은 분명히 신약시대가 아니라 로마의 산물이다.

로마 카톨릭은 지금도 이 구분을 충실하게 따르고 있다. 하지만 20세기 초반 평신도 신학이 대두되면서 평신도를 재발견하고 로마의 2부성을 거부하는 운동이 일어났다. 이로써 목회자만이 아니라 모든 성도가 하나님의 일꾼이자 종이라는 인식이 교회론을 새롭게 조명하게 만들었다. 사실 로마 사회에서 평신도라는 말은 평민을 의미하지만 신약성경에서는 하나님의 백성을 의미한다. 그렇다면 하나님의 백성 안에는 계급적인 차별은 없는 것이다.

평신도 신학은 교회를 새롭게 인식하는 것이다. 이를 위해 헨드릭 크레머(Hendrik Kraemer)나 하워드 그라임스(Howard Grimes)는 삼위일체 교회를 제시한다. 즉 교회란 하나님의 백성의 모임이고 그리스도의 몸이며 성령의 교제라는 사실이다. 하나님의 백성은 계약관계에 기초하고 그리스도의 몸은 유기적인 관계와 지체의식을 강조하는 것이며 성령의 교제는 바로 공동체성을 의미하는 것이다. 여기에는 보는 바와 같이 계급적 구분은 없다. 모두 같은 하나님의 자녀로서 역할의 차이가 있을 뿐이다.

2) 제자 삼기 신학

'제자 삼기'라는 단어를 사용하는 이유는 '제자 훈련'이나 '제자 양육'보다 더 성경적인 개념이라고 보기 때문이다. 즉 MTS는 "제자 삼으라"는 마태복음 28장 19절에서 20절의 예수님의 명령을 근거하여 구성되었다. 제자가 되는 길은 훈련이 필요하지만 사실 제자는 다른 사람을 제자로 삼을 때에야 진정한 제자가 된다. 즉 제자를 삼는 일과 제자가 되는 일은 동시에 이루어져야 한다.

MTS에서는 신자화 단계와 제자화 단계를 마칠 때 이미 제자를 삼도록 요구하고 있다. 모든 훈련 과정을 마쳐야 자격을 주고 제자로 인정하는 것이 아니라, 이미 훈련 과정의 일부로 제자 삼는 사역이 포함되어 있는 것이다.

3) 만인제사장 신학

마틴 루터(Martin Luther)에 의하여 재확인된 만인제사장주의는 베드로전서 2장 9절에서 10절을 근거로 하고 있다. 구약에서 제사장은 레위 족속에 한정되어 혈통에 따라 그 자격이 주어졌지만, 신약에서는 그리스도를 영접한 자는 누구나 제사장임을 강조하고 있다.

왕 같은 제사장, 또는 왕의 제사장이라는 이 개념은 그리스도인의 정체성을 분명히 제시하는 중요한 명제이다. 제사장이 자신의 죄를 가지고 하나님께 제사드리기 보다 타인의 죄를 대신 '제사 드려주는' 역할임을 생각해 본다면, 만인제사장주의는 우리 모두가 상호 간에 제사장이 되어야 하고, 서로를 위하여 대신 용서를 빌고 자비를 구해야 한다는 책임을 가르치고 있다. MTS의 원리는 우리가 모두 제사장이므로 서로를 위한 존재가 되는 것을 목표로 가르치고 훈련하도록 되어 있다.

2부 | 사전 준비 단계

1. 사전 작업의 필요성 및 단계

MTS는 평신도 사역자를 세우는 것을 기본 목표로 한다. 새로운 사역자를 세워 나가고 그 사람이 속한 삶의 현장에서 다양한 사역을 할 수 있도록 교육하고 양육하는 것은 쉬운 일이 아니다. 그만큼 MTS를 실행하고 그 목적을 실현하는 것은 단순하게 생각할 수 있는 일이 아니다. MTS를 개 교회에서 실행하기에 앞서 우선적으로 해야 할 사전 작업들이 있다.

그 사전 작업을 위해서는 다음과 같은 단계들이 필요하다.

1. MTS 실행 결정

↓

2. MTS 실행위원회 구성

↓

3. 담임 목회자 및 실행위원회의 MTS 이해

↓

4. 교회 내 비전 공유

↓

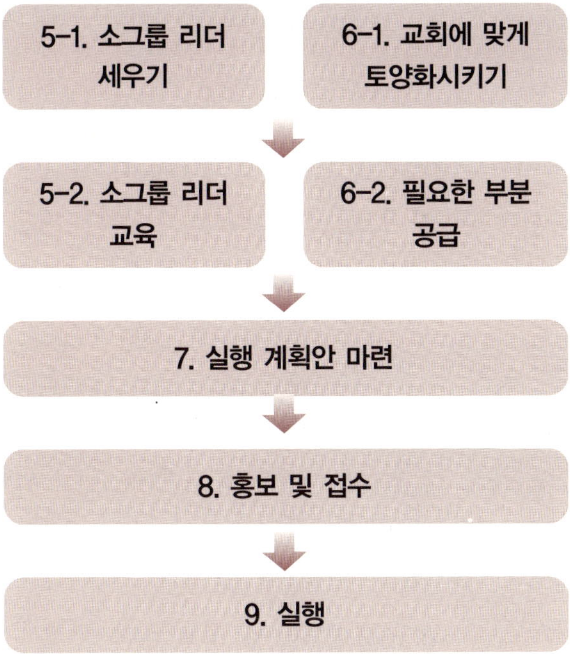

2. 사전 작업의 각 단계별 활동

1) MTS 실행 결정

결정하기까지는 다음과 같은 요인이 작용할 수 있다.

(1) 내적 요인

① 담임 목회자의 결정

담임 목회자가 먼저 MTS 실행을 결정한다. 교회 교육에 대한 전반적인 시스템을 세울 때, 혹은 새로운 프로그램으로 기존의 프로그램을 교체하고자 할 때 목회자들은 교회에 적합한 프로그램을 연구한다.

이때 자체적인 프로그램을 만들어서 활용하기도 하지만, 한국 교회에서 활용되는 다양한 프로그램을 검토한 후 하나를 정해 도입하기도 한다. MTS의 실행 여부 역시 이런 계획에 따라 결정할 수 있다.

② 평신도의 요구

오늘날 평신도들은 평신도 사역자로서 활발히 헌신하며 이전보다 교회 교육 및 프로그램 참여에 대한 열의도 크다. 이를 위해 스스로 노력하는 경우도 있지만, 대개는 교회를 중심으로 성장해 간다.

그러므로 자신들에게 필요한 다양한 영적 훈련 및 교육을 바라게 되며, 그 과정에서 MTS와 같은 훈련 시스템을 도입할 수 있다.

(2) 외적 요인

① 홍보를 통한 접근

현재 오랫동안 보급되어 온 MTS는 여러 매체에서 다양한 방법으로 접할 수 있다. 따라서 홍보 자료를 접한 후 MTS 실행 여부를 결정할 수 있다.

② 타 교회의 사례를 통해

주변 교회나 자료를 통해 알게 된 사례들을 통해 MTS 실행 여부를 결정할 수 있다. 이것은 직접적인 사례를 확인하고 그 성과를 파악할 수 있어서 결정에 큰 도움이 될 수 있다. 또한 실행을 결정한 이후에도 먼저 실행한 여러 교회로부터 자문을 구하면 실질적인 도움을 받을 수 있다.

2) MTS 실행위원회 구성

MTS를 실행하기 위해서는 많은 준비가 필요한데, 이것은 담임 목회자 혼자서 해낼 수 있는 일이 아니다. 교회 전체의 양육 시스템을 준비하고 실행하는 것이므로 실행위원회를 세워서 체계적인 사전 준비에 들어갈 필요가 있다. 실행위원회는 다양하게 편성될 수 있지만 기본적인 틀은 다음과 같다.

실행위원장(담임 목회자)	
실행위원	사역자 실행위원단
	제직 실행위원단
	평신도 실행위원단

교회 내에 부교역자들이 있을 경우에는 교육담당 교역자들을 중심으로 사역자 실행위원을 구성한다. 또한 교회의 중대한 일들은 당회나 제직회를 중심으로 회의가 진행되므로 장로 및 권사를 중심으로 한 제직 실행위원도 필요하다.

마지막으로 MTS를 실행했을 때 교육을 실질적으로 받고 경험하게 될 평신도 실행위원을 조직해야 한다. 그래야 평신도의 상황에 맞는 실행 환경을 만들 수 있다.

경우에 따라서는 위 구성이 축소될 수 있으며, 각 위원단의 인원수는 교회의 상황과 실정에 맞게 조직할 수 있다.

3) 담임 목회자 및 실행위원회의 MTS 이해

실행위원회가 조직되었으면 실행위원이 먼저 MTS에 대해 명확하게 이해하는 과정이 필요하다. 앞서 언급한 MTS 컨퍼런스나 MTS 세미나 및 성령축제 등에 참여하여 교육받는 것이 이 단계에서 진행될 수 있다. 실행 여부가 내적인 요인이었다면, 아직 정보에 대해 잘 모를 수 있으므로 교회성장연구소에서 주최하는 컨퍼런스에 참여하는 것이 좋다. 혹은 교회성장연구소의 MTS 담당자들로부터 직접적으로 소개를 받는 방법도 좋다.

실행위원 전부가 참여할 수는 없으므로, 대표자들이 교육을 받은 후 다른 실행위원들과 공유하면 된다.

또한 평신도 신학, 평신도 운동, 평신도 사역에 대해 연구를 병행해야 한다. 실행을 이끄는 사역자들이 평신도 사역에 대한 비전과 지식을 가질 때 앞으로의 모든 과정에서 순조롭게 MTS를 운영해 나갈 수 있다.

4) 교회 내 비전 공유

이 단계에서 MTS에 대해 다음과 같은 비전을 공유해야 한다.

- **우리 교회에서 MTS를 실행해야 하는 이유는 무엇인가?**
- **우리 교회에서 MTS를 통해 최종적으로 목표하는 바가 무엇인가?**

간단하지만 이 두 가지가 분명해야만 혼란 없이 MTS를 실행할 수 있다. 비전을 교회의 상황에 맞게 정한 후에는 실행위원회뿐만이 아니라, 교회 내의 모든 성도에게 알려야 한다. 비전을 교회 내에 공유해야 MTS 훈련 시스템이 활발하고 효과적으로 실행될 수가 있다.

또한 목회자는 이 기간 동안 설교를 비롯한 모든 목회활동에서 평신도 사역의 비전을 성도들에게 제시하고 강조해야 한다. 이 사전 준비 기간 동안만큼은 모든 메시지를 평신도 사역 비전에 집중하여 선포하고 교육하는 것도 필요하다.

5) 주제 강의 강사와 소그룹 리더 세우기 및 교육

MTS를 운영할 때에는 주제 강의 강사 및 소그룹 리더가 반드시 필요하다. 주제 강의는 담임 목회자나 교육담당 목회자가 맡는 경우가 많다.

소그룹 리더는 교회 규모에 따라서 소그룹 구성원 형태가 달라지므로 리더의 수 역시 교회의 규모나 실행 규모에 따라 달라진다. 소그룹 리더는 부교역자만이 아니라, 기존 평신도 사역자들 가운데서도 세울 수 있다.

주제 강의 강사와 소그룹 리더가 정해 지면 사전에 교육이 이루어진다. 교재에 대한 이해가 우선되어야 하기 때문에 이를 중심으로 교육을 받는다. 한 달 코스, 세 달 코스 총 두 가지가 있으며, 1~2시간 정도 주제 강의의 내용을 이해하고 소그룹 모임을 어떻게 인도할 것인지를 배운다.

주제 강의를 담당할 강사를 훈련할 경우 주제 강의 중심으로 교육하고, 소그룹 리더를 훈련할 경우 주제 강의는 간단히 소개하고 어떻게 소그룹 모임을 가질 지를 중심으로 교육한다(단, 소그룹 모임은 주제 강의에 대한 이해를 전제로 하므로, 소그룹 리더 역시 주제 강의에 대한 섭렵을 간과해서는 안 된다).

(1) 한 달 코스

한 달 코스로(주 2회, 토요일과 주일 또는 주일에 2회 모임) 빠른 시간 내에 준비해야 할 때 필요하다.

주차	요일	교육 내용	
1주차	토요일	오리엔테이션 방법 1과	각 학교별로 따로 진행한다.
	주일	2과	
2주차	토요일	3과	
	주일	4과	
3주차	토요일	5과	
	주일	6과	
4주차	토요일	7과	
	주일	8과	

(2) 세 달 코스

세 달 코스로 주 1회 모이며, 사이에 총정리하는 시간을 더 추가하여 심도있게 준비할 수 있다.

개월	요일	교육 내용	
첫째 달	1주차	오리엔테이션 방법	각 학교별로 따로 진행한다.
	2주차	1과	
	3주차	2과	
	4주차	3과	
둘째 달	5주차	4과	
	6주차	정리	
	7주차	5과	
	8주차	6과	
셋째 달	9주차	7과	
	10주차	8과	
	11주차	총정리	
	12주차	기타 준비 및 중보기도 모임	

6) 교회에 맞게 토양화시키기 및 필요한 부분들 공급

이 단계는 5)와 같은 시기에 이루어진다. 소그룹 리더가 준비되고 교육받는 동안 본격적으로 준비하는 단계이다. MTS 훈련 시스템의 실행 계획안이 아직은 정해지지 않았으므로, 구체적인 실행 방법에 대한 안내보다는 성도들의 요구 분석 등이 이루어져야 한다. MTS 실행을 위해 얻고자 하는 바람을 비롯하여 어떤 방식으로 참여가 가능한지 조사해야 한다.

가령 주일에만 모여서 실행하는 것이 좋은지, 평일에도 모여서 실행할 수 있는지 등을 파악해야 한다. 이때는 설문조사지를 돌리는 방식이 기본이 되어야 하며, 소그룹 리더와 같은 평신도 사역자들의 의견을 묻는 것도 필요하다. 물론 실행위원회에 평신도 실행위원들이 있기는 하지만, 보다 구체적으로 상황을 파악하기 위해 많은 성도를 만나 정보를 얻어야 한다.

또한 행정적으로 마련해야 할 부분이 있다. 재정적으로 어떻게 뒷받침 될 수 있는지 예산안을 세워야 한다.

7) 실행 계획안 마련

이 단계에서는 구체적인 그림을 완성하고 실제 훈련 시스템안이 제시되어야 한다. 이 단계에서 정해야 할 계획들은 다음과 같다.

- MTS 과정 중 우리 교회 내에서 실행할 학교는 어떤 것인가?(전체를 도입할 것인가?
- 부분적인 학교들만 도입할 것인가?(구체적인 사항은 뒤에서 제시된다)
- 소그룹은 총 몇 개로 운영할 것인가?(참여인원에 따라 달라지겠지만 우선적으로 염두에 둘 필요가 있다)
- 모임 시간 및 장소는 어디인가?
- 입학식, 수료식 진행 여부는 어떻게 할 것인가?

8) 홍보 및 접수

성도들을 대상으로 계획안에 따라 MTS 훈련 시스템 홍보를 시작한다. 구체적인 훈련 시스템 홍보만이 아니라, MTS에 대한 전반적인 소개도 병행되어야 한다.

홍보할 때에는 교회의 주보와 소식지, 책, 홈페이지, 현수막, 포스터, 브로셔, 홍보 동영상 등과 같은 모든 매체를 적극 활용한다.

이와 더불어 사전에 성도들에게 기본적으로 소개해야 할 사항들은 다음과 같다.

항목	소개 내용	활동 자료
MTS 소개	MTS 기본 소개 및 목적, 유익 등을 안내	본 매뉴얼 1,2부 참조
학교 소개	전체 또는 부분적으로 학교를 운영할 경우 해당 학교만 소개한다.	본 매뉴얼 3부 참조
전체 일정 소개	4주 혹은 8주 간의 일정을 소개한다.	본 매뉴얼 3부 참조
모임 순서 소개	모임이 어떻게 진행되는지 소개한다.	본 매뉴얼 3부 참조
참가 신청	참가 신청서를 통해 접수를 받는다.	본 매뉴얼 4부 참조

3. 사전 작업의 기반 원리

사전 준비 단계에서 담임 목회자는 실행위원과 리더들에게 다음의 기본 사항을 이해시켜야 한다. 이로써 왜 MTS가 우리 교회에 필요한지에 대해 서로 이해할 수 있게 해주어야 한다.

1) 목회 철학 이해시키기

(1) 관계능력과 사역능력의 조화로운 개발의 필요성을 이해시키기

MTS를 통해서 평신도 사역자는 목회자와 함께 동역하는 자이자 목회자와 평신도 사이의 가교역할을 감당할 자로서의 정체성을 갖게 된다. 이와 더불어 평신도 사역자는 언제 어디서나 자신의 사역을 탁월하게 수행할 수 있는 사역의 전문가가 되어야 한다. 관계능력과 사역능력은 동시에 개발되어야 할 동전의 양면과 같다.

(2) 교회건강과 교회성장에 대한 비전을 이해시키기

평신도 사역자들이 많아지면 교회는 건강 체질로 바뀐다. 그러나 교회성장이 없는 교회건강은 있을 수 없다. 따라서 목회자는 MTS를 운영하면서 평신도 사역자들의 영적 건강 상태에 관심을 기울이고, 이들이 재생산할 수 있는 능력과 환경을 만들어 주어야 한다.

(3) 하나님 사랑과 공동체 사랑의 체험이 중요함을 이해시키기

오늘날 수많은 사람이 교회를 떠나는 이유는 개인적으로 하나님을 체험하지 못한 것과 교회 공동체 내에서 사랑을 체험하지 못한 데 있다. 이 두 가지 요구를 만족시키지 못하는 교회는 더는 교회로서의 역동성을 유지할 수 없다. MTS는 훈련자들이 하나님을 경험하고 공동체 사랑을 체험하도록 해준다. 이것은 그들이 헌신적인 일꾼으로 사역하는가의 여부를 가르는 원초적인 요인이다.

(4) 교육에 있어서 감성적 접근법과 이성적 접근법의 조화를 이해시키기

기존의 설교와 성경공부, 강의 형태가 가지고 있는 심각한 문제는 이성적 방법을 이용한 일방적 전달방식이라는 데 있다. 현대는 쌍방향 커뮤니케이션이 가능해진 정보 기반 사회이다. 일방적인 지식전달 방식은 더는 만족할만한 효과를 볼 수 없다.

이성적인 접근법만으로는 사람을 변화시킬 수 없다. 감성적인 접근법이 수반되어야 한다. 그런 면에서 MTS는 이성적인 내용 전달과 함께 감성적인 감동과 결단을 이끌어 낼 수 있도록 입체적인 시스템으로 구성되어 있다.

2) MTS의 4대 원리 이해시키기

(1) 단계별 성장의 원리

사람은 지적인 면이나 육체적인 면에서 단계적으로 성장한다. 물론 단계별로 정확히 구분지을 수는 없지만, 분명히 유치원-초등학교-중학교-고등학교-대학교의 교육 과정을 거쳐야 한다. 이는 영적인 면에서도 마찬가지이다. "새가족은 젖을 먹는 단계이고, 성숙한 사람은 육식을 할 수 있다"는 말은 영적으로 매우 의미가 있다. MTS의 과정은 이런 사항을 고려하여 영적인 단계별 성장에 따라서 훈련의 강도와 깊이를 더할 수 있도록 구성했다.

(2) 필요중심적 훈련의 원리

현재 한국 교회에서 요구되는 과정들은 현 사회의 문제점을 해결하기 위한 해결책들과도 같다. 오늘날 한국 교회는 현대인의 필요에 민감해야 한다. 이러한 필요에 대하여 MTS는 성경적인 방법으로의 그 해결책을 제시하고 있다.

(3) 공동체 기초의 원리

MTS의 또 다른 원리는 공동체성이다. 40명까지의 대그룹으로 훈련이 가능하지만 항상 7명 내외의 소그룹 모임을 가짐으로 먼저 공동체를 이루도록 하고 있다. 역동적인 소그룹 활동을 생각할 때 먼저 공동체를 이루는 것이 핵심이다.

그러므로 각 소그룹의 리더로 하여금 모임을 인도하며, 서로를 위하여 중보기도하고, 서로 관심을 갖는 사랑의 공동체를 이루도록 하여 훈련의 목표를 달성하도록 하였다. MTS 과정은 단순히 강의를 듣고 암기함으로 훈련을 진행하고 마치는 교육과정이 아니다. 훈련생들은 소그룹 안에서 상호간의 사랑과 관심, 섬김을 체험하고 이를 통하여 기독교 공동체를 이루는 것의 중요성을 배운다.

(4) 통합적 양육의 원리

MTS 과정은 전인적인 과정이다. 그동안 많은 훈련 과정이 지적인 면에 치중한 경향이 있었다. 암기하고, 책을 요약하고, 보고서를 써내는 일련의 과정들은 사실 한국적인 상황에서는 쉽지 않은 일이다. 이 같은 경향은 평신도의 훈련이 소수의 전유물이 되게 하였고, 대부분의 성도가 접근하기를 꺼려하게 되는 결과를 낳았다. 그러나 MTS 과정은 단순히 지식만이 아니라 중보기도, 관계, 하나님과의 만남 등에 대해서 강조하고 영적인 측면에 집중함으로 지식에 치우치는 약점을 보완하고자 하였다.

1. MTS 운영과 진행 방법

1) 단계별 운영

MTS는 열 개의 학교를 운영하는 시스템으로서 크게 세 단계의 과정으로 이루어진다. 이 과정은 MTS가 강조하는 '평신도를 제자로, 제자를 사역자로!' 라는 표어에 따른 것으로, 신자화 과정, 제자화 과정, 사역자화 과정으로 나뉜다.

단계별 구분은 다음과 같다.

과정	목표	해당 학교
신자화 과정	그리스도 알아가기	신앙 입문 학교(4주)
제자화 과정	그리스도 따라가기	성경 가이드 학교(8주) 큐티 학교(4주) 예배 학교(8주) 성령 학교(8주)
사역자화 과정	그리스도 섬기기	소그룹 리더 학교(8주) 전도자 훈련 학교(8주) 새가족 양육자 학교(8주) 가정 행복 학교(8주) 기도 학교(8주)

2) 실행 및 운영

인원은 개 교회에 따라 대략 다음과 같이 구성할 수 있다.

규모	인원
소형 교회	5~10명
중형 교회	10~20명
대형 교회	20~40명

본래 한 코스에 참여하는 인원에 대해서 MTS가 제안하는 것은 40명 정도이다. MTS의 모임에서 큰 비중을 차지하는 것이 대그룹 강의(주제 강의)와 소그룹 모임인데, 40명으로 잡은 이유는 대그룹과 소그룹의 역동성이 가능하기 때문이다.

즉 40명 모두가 대그룹 모임에서 목회자를 통해 제시되는 말씀의 주제를 함께 듣고, 다시 5명 내지 7명 정도의 소그룹으로 나누어 그 말씀을 함께 나누고 기도하고 실천하도록 하기 위함이다. 그러나 위의 표에서 제시한 바와 같이 이 숫자는 교회 규모에 따라 다양하게 적용될 수 있다.

3) 모임 형태와 순서

매주 1회의 모임을 통하여 진행하는 MTS 모임의 종류는 주부들을 위한 낮 모임, 직장인을 위한 저녁 모임, 가족 단위를 위한 주말 모임이 있다. 물론 이것은 교회의 상황에 따라 다양한 방법으로 진행할 수 있다.

모임에 소요되는 시간은 약 2시간에서 2시간 30분 정도이다. 다음은 저녁 모임을 예로 들어 구성한 순서이다. 낮 모임이나 주말 모임도 기본적으로 이와 같은 패턴으로 진행하면 된다.

다음은 MTS 모임 순서의 예시이다. 예시 자료이므로 각 교회의 상황에 맞게 바꿔서 활용할 수 있다.

시간	순서	담당자	진행방법
6:30 – 6:50	찬양	봉사자들	찬양으로 모임을 시작한다.
6:50 – 7:00	기도	봉사자들	강의 시작 전 함께 기도한다.
7:00 – 7:30	주제 강의	담임 목회자	30분 동안 교재의 내용을 쉽고 재미있게 강의 형태로 진행한다.
7:30 – 7:40	휴식	봉사자들	소그룹별로 흩어지는 과정에서 잠시 다과를 나누며 교제한다.
7:40 – 8:20	소그룹 모임	소그룹 리더	4W : Welcome(아이스브레이크), Word(주제 강의 반복), Witness(삶의 나눔), Work of Prayer(기도 사역). ※ 목회자는 매주 1개 그룹씩 돌아가면서 참석한다.
8:20 – 8:40	대그룹 기도회	담임 목회자	담임 목회자가 제시하는 기도제목이나 소그룹에서 나온 중보 기도제목을 놓고 함께 기도하고 마무리한다.

매주 진행되는 모임에서 중요한 내용을 뽑으라고 한다면 주제 강의, 소그룹 모임, 대그룹 기도회라고 할 수 있다.

4) 순서별 핵심 사항

순서	진행방법
찬양	• 찬양 인도자가 나와서 4~5곡의 찬양을 20분 정도 인도한다. • 자연스럽게 찬양으로 모임이 시작될 수 있게 한다. • 찬송가와 복음성가를 잘 조합하여 진행한다. • 모임이 잘 진행될 수 있도록 약 10분간 하나님께 맡기는 시간을 갖는다.
기도	• 찬양 인도자가 함께 기도를 시작할 수 있게 이끌고, 기도하는 동안 주제 강의를 진행할 목회자가 나와서 진행을 이어간다. 함께 기도하는 시간이 끝나면 목회자가 정리 기도를 한다.
강의 주제	• 훈련자들이 배워야 할 그날의 핵심 내용을 전달받는 시간이기 때문에 모임에서 가장 중요한 순서라고 할 수 있다. • 이 시간은 담임 목회자 혹은 인도자가 가장 심혈을 기울여 준비해야 할 부분이기도 하다. • 모임 형태가 10명 미만의 소그룹이든 40명 이상의 대그룹이든 30분 정도의 주제 강의를 준비해야 하는 목회자는 교재의 내용과 더불어 자신의 경험과 예화들을 적절하게 구성하여 '쉽고, 재미있고, 핵심적으로' 전달해야 한다. • 이 시간에 전달된 주제는 소그룹 모임에서 또다시 이야기되고 토론될 뿐만 아니라 실천하고 적용할 과제로 이어진다.

	• 주제 강의 인도는 다음과 같이 한다. – 주일설교 준비하듯이 해야 한다. – 준비가 되었어도 상황에 따른 반전을 대비한다. – 때론 교재를 일일이 읽어 가면서 정리하도록 한다. – 내용을 전체적으로 잡아 주는 도표 등을 활용한다. – 주제 강의 중 핵심 내용을 정해 준다.
휴식	• 미리 간단한 다과를 준비해 휴식 및 교제를 갖는다.
소그룹 모임	• 주제 강의 시간에 제시된 내용을 다시 한 번 반복하고, 이를 토론의 주제로 삼는다. • 주제와 연관하여 각자 한 주간의 삶을 나누고 이를 기도제목과 실천 과제로 끌고 간다. • 소그룹 리더를 중심으로 각자의 적용할 부분과 훈련생들의 기도제목을 서로 나누고 함께 기도해 주는 시간을 갖는다. • 소그룹 모임의 중요성은 그 날에 주어진 주제를 '나눔과 기도와 체크'의 과정을 통하여 실천과 행동의 영역으로 이어지게 하는 가교역할을 한다는 데 있다. • 주제 강의를 진행하는 목회자는 매주 한 그룹씩 돌아가면서 참석하여 그 모임을 이끌도록 한다. MTS에서 중요한 것은 훈련자 개개인의 사역 능력 개발과 동시에 목회자와의 친밀하고 동역자적인 관계를 형성하는 것이다. 그런 면에서 목회자는 소그룹 참여를 결코 소홀히 해서는 안 된다. • 소그룹 모임 인도는 다음과 같이 한다. – 기도로 시작하고 기도로 마친다, – 모든 훈련생에게 말할 기회를 준다(누구나 대답을 할 수 있는 쉬운 질문으로 시작한다). – 그날의 주제 강의 속에서 이야기를 주도한다. – 논쟁이 될 수 있는 토론은 피한다.

	– 모임 동안 나눈 각자의 삶의 이야기는 타인에게 전달되지 않도록 주의한다. – "내 생각에는……", "내가 느끼기에는……" 등의 간접적인 표현을 사용한다.
대그룹 기도회	• 목회자가 흩어진 소그룹을 다시 모아 그날의 주제와 관련된 기도제목을 비롯하여 소그룹에서 올라온 기도제목, 담임 목회자가 제시하는 교회 차원의 기도제목을 놓고 함께 기도한다. • 대그룹 기도회를 통해 개개인의 기도제목과 관심사들을 교회 차원의 기도제목과 관심으로 전환하여 교회를 섬기는 사역자로서의 마인드를 공유할 수 있게 한다. • 대그룹 기도회 운영은 다음과 같이 한다. – 소그룹에서 나온 감동적인 간증을 잠시 나눈다(3~5분 정도). – 소그룹에서 나온 긴급 기도제목은 대그룹 기도회에서 구체적으로 기도한다. – 현장 중심적이고 체험 중심적인 기도회가 될 수 있도록 한다. – 반주자와 적절한 찬양을 준비하도록 한다. – 구체적인 기도와 기도의 집중도를 높이기 위해 깃발 기도회로 진행함이 유익하다(기도 학교 8과 참조).

5) MTS 양육 시스템 진행에 필요한 Tip

(1) 신선함을 유지하기

1~2년 동안 매주 행해지는 이시간은 자칫 매너리즘(mannerism)에 빠질 우려가 있다. 매주 똑같은 방식으로 진행하다 보면 어떤 면에서는 식상할 수도 있다. 간혹 특별 이벤트를 준비해 참석한 훈련생들에

게 재미를 주는 것도 필요하다.

예를 들자면 조조영화를 활용해 좋은 영화를 감상한다는 것은 매우 특별한 시간이 되리라 본다. 영화를 통해 나오는 영적인 유익을 찾고 함께 나눈다면 주제 강의보다 오히려 더 좋은 효과를 가져 올 수 있다. 그리고 교회 이외의 지역으로 나가 참석한 훈련생끼리 식사 자리를 갖거나, MTS 사역자들을 후원해 주는 후원자들을 세워 그들이 식사를 대접할 수 있는 기회를 제공한다면 평신도 사역자가 된다는 큰 자부심을 갖게 될 수 있을 것이다.

MTS를 실행하면서 원리와 원칙을 중요하게 지켜 실행하고 관리하는 것은 필요하다. 하지만 때로는 참석한 훈련생들에게 신선한 경험을 제공해 주는 것은 다음 단계에 대한 기대감을 심어 줄 수 있고 다음 기수 훈련생들에게 동기부여해 주는 기회가 될 수 있을 것이다.

(2) 평가와 유동성 있는 조절

설문조사나 강의 평가를 받는 것은 창조적이고 능동적으로 MTS를 운영할 수 있게 하는 효과를 준다. 특히 평가 내용이 바로 반영된다면 더욱 적극적인 동참을 이끌어 낼 수 있을 것이다.

정해진 원리와 원칙을 준수하는 것도 중요하다. 하지만 건전하고 발전적인 개선 역시 필요하다. 가장 효과적인 운영은 각 교회의 상황에 맞는 방식이다. 교회의 체질에 맞는 운영원리와 원칙을 각 개 교회에서 준비하는 것이 가장 중요하다고 볼 수 있다.

2. MTS 정규과정 소개

〈MTS 정규과정 소개〉

	학교	개요
신자화 과정	신앙 입문 학교 (4주)	새로 교회에 나온 사람들에게 신앙생활과 교회생활을 소개하며, 특히 구원의 확신을 심어주는 것을 목적으로 한다. 처음 신앙생활을 하는 사람들도 본 교육에 참여할 수 있도록 한다.
제자화 과정	성경 가이드 학교 (8주)	성경의 개론과 함께 성경을 어떻게 공부하고 활용할 것인지에 대한 실제적인 내용을 다룬다. 성경을 통해 개인의 삶과 더 나아가 이웃과 세계까지 변화시킬 수 있도록 하는 실행에 중점을 둔다.
	큐티 학교 (4주)	큐티에 대한 바른 이해와 경험을 할 수 있도록 안내해 줌으로써 성도들이 개인 예배의 중요성을 인식하고 생활화할 수 있도록 한다. 더불어 개인의 신앙성장과 교회성장을 돕는다.
	예배 학교 (8주)	삶이 예배가 되고 예배가 삶이 되는 진정한 예배자의 삶을 제시한다. 또한, 예배를 통해 하나님을 알고 예배의 능력을 경험할 수 있도록 한다.
	성령 학교 (8주)	성도들을 성령충만한 삶으로 인도하고 성령의 은사를 맺는 삶을 살도록 돕는다. 이를 통해 성도들이 은사를 활용하여 교회에 덕을 세울 수 있도록 각각의 성령의 은사를 개별적으로 다루고 활용할 수 있도록 한다.

<table>
<tr><td rowspan="5">사역자화 과정</td><td>소그룹 리더 학교 (8주)</td><td>교회 내 소그룹 활성화를 위한 훈련 교재로서, 성경에 나타난 소그룹의 유형을 공부하고 소그룹 리더가 숙지해야 할 다양한 내용을 제시한다. 소그룹 활동을 통해 평신도의 사명을 고취하고 교회의 질적, 양적 성장을 돕는다.</td></tr>
<tr><td>전도자 훈련 학교 (8주)</td><td>전도는 모든 그리스도인의 책임일 뿐만 아니라 의무라는 것을 알려 교회 전체가 전도에 비전을 갖도록 한다. 이로써 평신도 사역자를 체계적으로 양육할 수 있도록 한다.</td></tr>
<tr><td>새가족 양육자 학교 (8주)</td><td>새가족이 없이는 교회성장이 이루어질 수 없다는 전제 하에 새가족 양육의 필요성을 재인식시키고, 새가족이 안정적으로 교회에 정착할 수 있도록 돕는 방법과 실천사항을 제시한다.</td></tr>
<tr><td>가정 행복 학교 (8주)</td><td>가족구성원 간의 이해와 사랑을 돕고, 이로써 복된 그리스도인의 가정 구축의 기회를 제공한다. 부부는 서로에 대한 소중함을 일깨워 사랑을 회복시키며, 부모와 조부모는 가정 내 역할을 이해하고 이로 하여금 자녀를 성숙한 그리스도인으로 양육할 수 있도록 한다.</td></tr>
<tr><td>기도 학교 (8주)</td><td>성경에 나타난 기도의 모델을 공부하고 기도를 생활화하기 위한 실제적 적용과 훈련을 하도록 한다. 하나님은 중보기도를 통해 일하신다는 사실과 중보기도는 은사인 동시에 의무라는 것을 알게 하여 중보기도를 생활화하도록 한다.</td></tr>
<tr><td colspan="2">운영 매뉴얼</td><td>MTS 양육 시스템의 목적, 운영 원리, 각 과정에 대한 전반적인 내용을 소개하는 안내서로, 교회에서 MTS 양육 시스템을 원활히 실행할 수 있도록 도와준다.</td></tr>
</table>

1) 신자화 과정 : 그리스도 알아가기

신앙 입문 학교(4주)

MTS 신앙 입문 학교는 신앙에 처음 입문할 때에 반드시 알아야 할 내용을 배우는 과정으로 2주는 복음으로의 입문을, 나머지 2주는 구원받은 자로서의 삶을 다루게 된다.

구성	과	목차
복음 입문	1	우리가 믿어야 할 창조주 하나님
	2	우리를 구원하시는 예수님
삶의 적용	3	그리스도인의 교회생활
	4	그리스도인의 삶

교육목표

1. 신앙 입문을 위해 반드시 알아야 할 복음의 기초를 배운다.
2. 구원받은 자가 어떻게 교회에서 신앙생활을 해야 하는지 배운다.
3. 구원받은 자가 이 세상에서 어떤 그리스도인으로 살아야 하는지 배운다.

2) 제자화 과정 : 그리스도 따라가기

(1) 성경 가이드 학교(8주)

MTS 성경 가이드 학교는 성경에 대한 기본적인 이해를 쌓고 말씀을 바탕으로 한 삶을 살 수 있도록 인도하는 과정이다. 총 8주 과정 중에서 1주는 성경 전체에 대한 개관, 4주는 신구약에 대한 개관, 2주는 적용, 마지막 1주는 7주 동안 배운 내용을 토대로 삶의 현장에서 실행할 수 있는 내용으로 구성되어 있다.

구성	과	목차
전체 개관	1	성경에 대한 이해
각 권별 개관	2	구약성경 들여다보기 1 – 모세오경, 역사서 –
	3	구약성경 들여다보기 2 – 시가서, 예언서 –
	4	신약성경 들여다보기 1 – 복음서, 역사서 –
	5	신약성경 들여다보기 2 – 서신서, 예언서 –
적용	6	성경을 대하는 방법
	7	성경적인 원리대로 살아가기
실천	8	성경 가이드 학교 워크북

교육목표	
	1. 성경 및 신구약에 대한 기본기를 다진다. 2. 성경과 더 가까워지고 성경을 더 깊고 넓게 바라보는 삶으로 나아간다. 3. 성경을 삶에 적용할 수 있는 사람이 된다.

(2) 큐티 학교(4주)

MTS 큐티 학교는 개인 예배로써 매일 하나님을 만나는 삶을 살기 위해 반드시 알아야 할 내용을 배우는 과정이다. 총 4주 과정 중, 1주는 큐티에 대한 기본 개관을, 나머지 3주는 큐티를 위한 실제적인 적용 방법을 다루게 된다.

구성	과	목차
개관	1	큐티(Q.T. 경건의 시간)에 대한 이해
적용	2	큐티의 실제
	3	큐티를 위한 성경 해석
	4	그룹 큐티의 운영 및 실제
부록		성경 해석을 통한 큐티 & 그룹 큐티 연습

교육목표

1. 큐티에 대한 기본 이해를 다진다.
2. 큐티의 순서에 따라 실제로 성경을 관찰, 해석, 적용할 수 있는 방법을 배운다.
3. 개인뿐만이 아니라 그룹별로도 큐티 모임을 가질 수 있게 돕는다.

(3) 예배 학교(8주)

MTS 예배 학교는 예배에 대한 기본 이해를 갖고 참된 예배자로서 나아가기 위해 인도하는 과정이다. 총 8주 과정 중, 2주는 예배에 대한 개관, 3주는 예배에 대한 기본 요소, 2주는 예배자에게 필요한 적용 사항, 마지막 1주는 7주 동안 배운 내용을 토대로 삶의 현장에서 실행할 수 있는 내용으로 구성되어 있다.

구성	과	목차
개관	1	예배에 대한 기본 이해
	2	성경의 예배
이론	3	예배의 기본 요소 1(찬양과 기도)
	4	예배의 기본 요소 2(말씀과 성례전)
	5	예배의 기본 요소 3(헌신과 교제)
적용	6	예배자의 자세와 준비
	7	예배의 삶
실천	8	예배 학교 워크북

교육목표

1. 예배의 중요성에 대해 배운다.
2. 예배의 각 요소에 대한 분명한 이해를 다진다.
3. 삶의 예배를 드리는 예배자로 나아간다.

(4) 성령 학교(8주)

MTS 성령 학교는 성령의 사람으로서 살아가기 위해 반드시 알아야 할 내용을 배우는 과정이다. 총 8주 과정 중, 2주는 성령님에 대한 전반적인 소개, 2주는 성령의 사람으로 살아가는 방법, 3주는 성령의 은사와 성령의 열매에 대한 내용을 배우게 된다. 그리고 마지막 1주는 7주 동안 배운 내용을 토대로 삶의 현장에서 실행할 수 있는 내용으로 구성되어 있다.

구성	과	목차
개관	1	성령의 의미
	2	성령의 사역
적용 1	3	성령의 사람 되기
	4	성령의 사람으로 살아가기
적용 2	5	성령의 은사
	6	은사의 활용
	7	성령의 열매
실천	8	성령 학교 워크북

교육목표

1. 성령님이 어떤 분이시고 어떤 일을 하시는지에 대해 배운다.
2. 성령의 사람이 되는 방법과, 성령의 사람으로서 살아가는 방법에 대해 배운다.
3. 삶 속에서 성령의 은사를 활용하고, 성령의 열매를 맺는 사람이 된다.

3) 사역자화 과정 : 그리스도 섬기기

(1) 소그룹 리더 학교(8주)

MTS 소그룹 리더 학교는 소그룹과 리더에 대한 기본 이해를 갖고 소그룹이 올바로 성장하고 제 역할을 감당할 수 있도록 교육하는 과정이다. 총 8주 과정 중, 2주는 소그룹에 대한 개관, 3주는 소그룹 운영 및 인도에 필요한 실전, 2주는 소그룹 확장에 필요한 지침, 마지막 1주는 7주 동안 배운 내용을 토대로 삶의 현장에서 실행할 수 있는 내용으로 구성되어 있다.

구성	과	목차
개관	1	소그룹에 대한 이해
	2	성경에 나타난 소그룹
실전	3	소그룹 모임의 운영
	4	소그룹 리더의 역할과 자질
	5	소그룹 인도법
확장	6	소그룹 재생산과 새 리더 양육
	7	소그룹과 교회성장
실천	8	소그룹 리더 학교 워크북

교육목표	
	1. 소그룹에 대한 올바른 이해를 갖는다. 2. 소그룹 리더로서 알아야 할 지침들을 배운다. 3. 우리 교회 안에 소그룹을 활성화할 수 있게 한다.

(2) 전도자 훈련 학교(8주)

MTS 전도자 훈련 학교는 전도에 대한 중요성을 인식하고 전도자로서 훈련하고 준비할 수 있도록 인도하는 과정이다. 총 8주 과정 중, 2주는 전도에 대한 개관, 2주는 전도에 대한 기본 이론, 3주는 전도 실전에 대한 준비, 마지막 1주는 7주 동안 배운 내용을 토대로 삶의 현장에서 실행할 수 있는 내용으로 구성되어 있다.

구성	과	목차
개관	1	전도에 대한 이해
	2	성경에 나타난 전도
이론	3	전도의 내용
	4	전도의 종류와 전략
적용	5	전도자의 이미지
	6	전도를 위한 준비와 훈련 1
	7	전도를 위한 준비와 훈련 2
실천	8	전도자 훈련 학교 워크북

교육목표

1. 전도의 중요성에 대해 분명히 인식한다.
2. 전도할 때 필요한 필수 지식과 방법들을 배운다.
3. 전도자로서의 자세와 훈련을 다진다.

(3) 새가족 양육자 학교(8주)

MTS 새가족 양육자 학교는 교회 내 새가족을 양육하기 위해 양육자가 반드시 알아야 할 내용에 대해 배우는 과정이다. 총 8주 과정 중, 2주는 새가족 양육의 개관, 2주는 새가족 양육 단계, 3주는 양육의 구체적인 콘텐츠를 중심으로 구성되어 있고, 마지막 1주는 7주 동안 배운 내용을 토대로 삶의 현장에서 실행할 수 있는 내용으로 구성되어 있다.

구성	과	목차
개관	1	새가족 양육의 중요성
	2	새가족 양육의 의미
양육 단계	3	새가족을 인도하고 정착시키기까지 - 양육을 위한 선행 단계 -
	4	새가족을 교육하고 훈련시키기까지 - 양육의 실제 단계 -
양육 콘텐츠	5	새가족을 위한 구원의 핵심 1
	6	새가족을 위한 구원의 핵심 2
	7	신앙생활의 실제
실천	8	새가족 양육자 학교 워크북

교육목표

1. 새가족 양육의 중요성 및 양육자의 필요성에 대해 분명히 인식한다.
2. 새가족 양육의 기본 전략과 기본 교육 내용을 숙지한다.
3. 새가족 양육자로서의 자세를 겸비한다.

(4) 가정 행복 학교(8주)

MTS 가정 행복 학교는 가정에 대한 중요성을 인식하고 가족구성원 간에 사랑과 화합을 도모하기 위한 과정이다. 총 8주 과정 중, 2주는 가정에 대한 개관, 2주는 가족구성원 각자의 역할, 3주는 건강한 가정을 만들기 위해 함께 감당할 역할, 마지막 1주는 7주 동안 배운 내용을 토대로 삶의 현장에서 실행할 수 있는 내용으로 구성되어 있다.

구성	과	목차
개관	1	가정에 대한 이해
	2	행복한 부부가 되는 길
각자의 역할	3	부모의 역할과 책임
	4	부모공경의 길
함께 감당할 역할	5	자녀 양육의 방법
	6	가정의 신앙생활
	7	가정의 위기와 소통
실천	8	가정 행복 학교 워크북

교육목표

1. 가정의 중요성에 대해 분명히 인식한다.
2. 부부간에, 부모 자녀 간 역할을 이해하고 서로 함께하기 위한 방법을 배운다.
3. 성경적인 가정, 건강한 소통을 이루는 가정을 만드는 법을 배운다.

(5) 기도 학교(8주)

MTS 기도 학교는 기도에 대한 기본 이해를 갖고 올바른 기도의 삶으로 나아가기 위해 인도하는 과정이다. 총 8주 과정 중, 2주는 기도에 대한 개관, 3주는 기도에 대한 적용, 2주는 기도 훈련의 모델들, 마지막 1주는 7주 동안 배운 내용을 토대로 삶의 현장에서 실행할 수 있는 내용으로 구성되어 있다.

구성	과	목차
개관	1	기도에 대한 이해
	2	성경에 나타난 기도
적용	3	기도의 방법
	4	기도생활화를 위한 훈련 단계
	5	기도와 응답
기도 모델	6	기도훈련의 모델 1
	7	기도훈련의 모델 2
실천	8	기도 학교 워크북

교육목표

1. 기도에 대한 올바른 이해를 갖는다.
2 기도의 방법에 대해 배운다.
3. 기도훈련을 쌓아 가는 기도자가 된다.

3. MTS 각 학교의 전체 일정

1) 본 과정 운영

한 과정별로 다음과 같이 진행되며, 8주가 끝나면 워크샵을 진행한다.

〈8주차〉

주	1	2	3	4	5	6	7	8	
교재	1과	2과	3과	4과	5과	6과	7과	8과	워크샵
과별 사역	각 과에 필요한 과 외 프로그램을 그때마다 진행한다.								

〈4주차〉

주	1	2	3	4	
교재	1과	2과	3과	4과	워크샵
과별 사역	각 과에 필요한 과 외 프로그램을 그때마다 진행한다.				

※ 시작 단계에서 입학식을, 워크샵 이후에 수료식을 따로 진행하는 방법이있고, 1과와 워크샵 때 입학식과 수료식을 간단한 방식으로 함께 진행하는 방법이 있다.

2) 워크샵 운영

4주, 혹은 8주 이후에 열리는 워크샵은 다음과 같이 진행할 수 있다

(프로그램에는 세 가지 종류가 있다. 교회 상황에 맞게 선택한 후 유동성있게 조정하여 운영한다).

〈당일 프로그램〉

시간	순서	진행방법
10:00-10:50	예배	한 학교를 끝내게 된 것에 대해 감사예배를 드린다. 찬양을 10분 정도 드린 후, 약 40분 정도 예배를 드린다.
10:50-11:00	휴식 및 광고	잠시 쉬면서 오늘 일정에 대해 광고한다.
11:00-12:00	1차 복습(1-4과)	한 과당 15분 정도 복습한다. 배운 핵심 내용을 완벽하게 익힐 수 있게 한다.
12:00-1:00	식탁 교제	함께 식사하며 교제를 나눈다.
1:00-1:30	휴식 및 찬양	식사 후 잠시 휴식 시간을 갖고 오후 일정에 들어가기 10-15분 전부터 찬양을 시작한다. 찬양과 함께 다음 순서를 시작한다.
1:30-2:30	2차 복습(5-8과)	한 과당 15분 정도 복습 시간을 갖는다. 배운 핵심 내용을 완벽하게 익힐 수 있게 한다.
2:30-2:40	휴식	소그룹 모임을 위해 자리 이동을 한다.
2:40-4:00	소그룹 간증	배운 내용을 적용하고 실천하는 것과 관련하여 소그룹 구성원끼리 간증을 나눈다. 대그룹 간증 시간에 대표로 발표할 구성원을 선정한다.

4:00 – 4:10	휴식	쉬면서 다시 대그룹 모임을 위해 자리 이동을 한다.
4:10 – 5:30	대그룹 간증	소그룹의 대표가 나와서 소그룹 간증 때 나누었던 간증을 발표한다. 소그룹 내에서만 나누었던 간증을 모두가 함께 공유할 수 있다. 이때 발표만 할 것이 아니라 질문이나 조언 등도 함께 나눌 수 있도록 한다.
5:30 – 7:00	식탁 교제(파티)	점심때보다 긴 시간을 할애하여 파티를 연다. 한 학교를 마치는 동안 수고한 것을 서로 격려하는 자리를 갖는다.
7:00 – 8:00	결단의 시간 및 예배	마무리하는 예배를 드리고 예배 끝 부분에 결단의 시간을 갖는다. 결단 목록을 미리 준비하여서 함께 읽는 시간을 갖는다.

〈1박 2일 프로그램〉

시간	순서	진행방법
첫째 날		
10:00-10:50	예배	한 학교를 끝내게 된 것에 대해 감사예배를 드린다. 찬양을 10분 정도 드린 후, 약 40분 정도 예배를 드린다.
10:50-11:00	휴식 및 광고	잠시 쉬면서 오늘 일정에 대해 광고한다.
11:00-12:00	1차 복습(1-4과)	복습을 하면서 배운 핵심 내용을 완벽하게 익힐 수 있게 한다.
12:00-1:00	식탁 교제	함께 식사하며 교제를 나눈다.
1:00-1:30	휴식 및 찬양	식사 후 잠시 휴식 시간을 갖고 오후 일정에 들어가기 10-15분 전부터 찬양을 시작한다. 찬양과 함께 다음 순서를 시작한다.
1:30-2:30	2차 복습(5-8과)	한 과당 15분 정도 복습 시간을 갖는다. 배운 핵심 내용을 완벽하게 익힐 수 있게 한다.
2:30-2:40	휴식	소그룹 모임을 위해 자리를 이동한다.
2:40-4:40	소그룹 간증 1	배운 내용을 적용하고 실천하는 것과 관련하여 소그룹 구성원끼리 간증을 나눈다. 대그룹 간증 시간에 대표로 발표할 구성원을 선정한다.
4:40-5:00	휴식	휴식을 하며 친교를 나눈다.
5:00-6:00	소그룹 간증 2	배운 내용을 적용하고 실천하는 것과 관련하여 소그룹 구성원끼리 간증을 나눈다. 대그룹 간증 시간에 대표로 발표할 구성원을 선정한다.

6:00-8:00	식탁 교제(파티)	점심때보다 긴 시간을 할애하여 파티를 연다. 한 학교를 마치는 동안 수고한 것을 서로 격려한다.
8:00-9:00	예배	첫날 일정을 마무리하는 예배를 드린다. 이때 각 학교와 관련된 메시지가 설교시간에 선포될 수 있도록 한다.
둘째 날		
9:00-10:50	예배	둘째 날 일정을 시작하는 예배를 드린다. 찬양을 10분 정도 드린 후, 약 40분 정도 예배를 드린다.
10:50-11:00	휴식 및 광고	잠시 쉬면서 오늘 일정에 대해 광고한다.
11:00-12:00	대그룹 모임 1	소그룹의 대표가 나와서 소그룹 간증 때 나누었던 간증을 발표한다. 소그룹 내에서만 나누었던 간증을 모두가 함께 공유할 수 있다. 이때 발표만 할 것이 아니라 질문이나 조언 등도 함께 나눌 수 있도록 한다.
12:00-1:00	식탁 교제	함께 식사하며 교제를 나눈다.
1:00-2:00	대그룹 모임 2	소그룹의 대표가 나와서 소그룹 간증 때 나누었던 간증을 발표한다. 소그룹 내에서만 나누었던 간증을 모두가 함께 공유할 수 있다. 이때 발표만 할 것이 아니라 질문이나 조언 등도 함께 나눌 수 있도록 한다.
2:00-3:00	결단의 시간 및 예배	마무리하는 예배를 드리고 예배 끝 부분에 결단의 시간을 갖는다. 결단 목록을 미리 준비하여서 함께 읽는 시간을 갖는다.

〈2박 3일 프로그램〉

시간	순서	진행방법
첫째 날		
10:00-10:50	예배	한 학교를 끝내게 된 것에 대해 감사예배를 드린다. 찬양을 10분 정도 드린 후, 약 40분 정도 예배를 드린다.
10:50-11:00	휴식 및 광고	잠시 쉬면서 오늘 일정에 대해 광고한다.
11:00-12:00	1차 복습(1-2과)	복습을 하면서 배운 핵심 내용을 완벽하게 익힐 수 있게 해준다.
12:00-1:00	식탁 교제	함께 식사하며 교제를 나눈다.
1:00-1:30	휴식 및 찬양	식사 후 잠시 휴식 시간을 갖고 오후 일정에 들어가기 10-15분 전부터 찬양을 시작한다. 찬양과 함께 다음 순서를 시작한다.
1:30-2:30	2차 복습(3-4과)	복습을 하면서 배운 핵심 내용을 완벽하게 익힐 수 있게 한다.
2:30-2:40	휴식	소그룹 모임을 위해 자리를 이동한다.
2:40-4:40	3차 복습(5-6과)	복습을 하면서 배운 핵심 내용을 완벽하게 익힐 수 있게 한다.
4:40-5:00	휴식	휴식을 하며 친교를 나눈다.
5:00-6:00	4차 복습(7-8과)	복습을 하면서 배운 핵심 내용을 완벽하게 익힐 수 있게 한다.

6:00–8:00	식탁 교제(파티)	점심때보다 긴 시간을 할애하여 파티를 연다. 한 학교를 마치는 동안 수고한 것을 서로 격려한다.
8:00–9:00	예배	첫날 일정을 마무리하는 예배를 드린다. 이때 각 학교와 관련된 메시지가 설교시간에 선포될 수 있도록 한다.
둘째 날		
9:00–10:50	예배	둘째 날 일정을 시작하는 예배를 드린다. 찬양을 10분 정도 드린 후, 약 40분 정도 예배를 드린다.
10:50–11:00	휴식 및 광고	잠시 쉬면서 오늘 일정에 대해 광고한다.
11:00–12:00	소그룹 간증 1	배운 내용을 적용하고 실천하는 것과 관련하여 소그룹 구성원끼리 간증을 나눈다. 대그룹 간증 시간에 대표로 발표할 구성원을 선정한다.
12:00–1:00	식탁 교제	함께 식사하며 교제를 나눈다.
1:00–3:00	소그룹 간증 2	배운 내용을 적용하고 실천하는 것과 관련하여 소그룹 구성원끼리 간증을 나눈다. 대그룹 간증 시간에 대표로 발표할 구성원을 선정한다.
3:00–3:30	휴식 및 광고	잠시 쉬면서 오늘 일정에 대해 광고한다.
3:30–5:00	소그룹 간증 3	배운 내용을 적용하고 실천하는 것과 관련하여 소그룹 구성원끼리 간증을 나눈다. 대그룹 간증 시간에 대표로 발표할 구성원을 선정한다.

5:00-7:00	식탁 교제(파티)	점심때보다 긴 시간을 할애하여 파티를 연다. 한 학교를 마치는 동안 수고한 것을 서로 격려한다.
7:00-8:00	예배	둘째 날 일정을 마무리하는 예배를 드린다. 이때 각 학교와 관련된 메시지가 설교 시간에 선포될 수 있도록 한다.
셋째 날		
9:00-10:50	예배	셋째 날 일정을 시작하는 예배를 드린다. 찬양을 10분 정도 드린 후, 약 40분 정도 예배를 드린다.
10:50-11:00	휴식 및 광고	잠시 쉬면서 오늘 일정에 대해 광고한다.
11:00-12:00	대그룹 모임 1	소그룹의 대표가 나와서 소그룹 간증 때 나누었던 간증을 발표한다. 소그룹 내에서만 나누었던 간증을 모두가 함께 공유할 수 있다. 이때 발표만 할 것이 아니라 질문이나 조언 등도 함께 나눌 수 있도록 한다.
12:00-1:00	식탁 교제	함께 식사하며 교제를 나눈다.
1:00-2:00	대그룹 모임 2	소그룹의 대표가 나와서 소그룹 간증 때 나누었던 간증을 발표한다. 소그룹 내에서만 나누었던 간증을 모두가 함께 공유할 수 있다. 이때 발표만 할 것이 아니라 질문이나 조언 등도 함께 나눌 수 있도록 한다.
2:00-3:00	결단의 시간 및 예배	마무리하는 예배를 드리고 예배 끝 부분에 결단의 시간을 갖는다. 결단 목록을 미리 준비하여서 함께 읽는 시간을 갖는다.

4. MTS 이후 사역 : 파송과 재생산

MTS 과정을 마친 훈련자들에게는 평신도 사역자 위임증을 수여함과 동시에 사역 현장으로 보내는 파송식을 하나님과 교회 앞에서 갖는다.

MTS를 마친 평신도 사역자들이 파송되는 현장은 크게 세 가지로 나누어질 수 있다.

1) MTS 소그룹 리더로 세우기

MTS 다음 기수 과정에 들어가 제자화 과정의 소그룹 리더 역할을 하거나 사역자화 과정의 도우미로서 사역할 수 있다. 즉 MTS 훈련 조교라고도 할 수 있겠다.

2) 기존 사역 부서에 들어가기

기존 교회 사역 부서에 들어가 리더 혹은 동역자로서 사역하는 일이다. 예를 들어 구역 사역, 중보기도 사역, 새가족 양육 사역, 교육 사역, 예배 봉사 사역, 전도 특공대 사역 등이 있다.

3) MTS 특별과정(전문사역과정)에 들어가기

교회 내에서 더욱 전문적인 사역을 감당하기 위해 MTS 특별과정을 이수한다. 교회 성장 학교, 주일 교사 학교, 찬양 학교, 가정 성장 학교, 결혼 예비 학교, 크리스천 재정 학교 등 개인의 영성뿐만 아니라 평신도 사역자로서 지속적이고 심화된 훈련 과정을 거치도록 한다.

〈MTS 특별과정 소개〉

학교	개요
교회 성장 학교	평신도에게 교회가 무엇인지 가르치고, 더 나아가 교회의 제직으로 훈련할 수 있도록 돕는다. 이를 통해 평신도 지도자들을 목회의 동역자로 세울 수 있다.
부흥 학교	하나님께서 창조 이래 허락하셨던 부흥의 역사를 연구하고, 역사를 통해 바라본 부흥의 본질과 참 의미가 무엇인지 묵상한다. 이로써 교회의 부흥을 위한 성도들의 역할을 모색한다.
주일 교사 학교	성도들이 자신의 안에 있는 가르침의 은사를 개발하고 교사로서의 사명과 비전을 발견해 교회학교를 섬길 수 있도록 한다. 참된 교사를 양성함으로써 교회학교의 질을 높일 수 있다.
사랑받기 위해 태어난 사람	예수 그리스도를 처음 영접한 새가족에게 신앙에 대해서, 그리고 구원에 대해서 효과적으로 전함으로써 교회에 잘 정착할 수 있도록 돕는다.
셀프 리더십 학교	셀프 리더십의 구체적인 영역을 이해하고 개발해 삶 속에서 실천할 수 있도록 지도하고, 이를 통해 개인과 공동체의 발전과 성장을 도울 수 있도록 한다.
리더십 개발 학교	성경에서 가르치는 리더십을 개발하고 훈련함으로써 영향력 있는 사역자를 양육해 교회 곳곳에서 쓰임 받을 수 있도록 하여 교회성장을 돕는다.
4차원의 영성 리더십 학교	현재 리더의 자리에 있거나 혹은 아직 리더가 아니더라도 영적 싸움에서 승리하고 영적으로 성장할 수 있도록 돕는다. 이를 통해 교회 내 크고 작은 공동체를 이끌어 갈 리더를 양성하는 데 그 초점을 두고 있다.

4차원의 영성 중보기도 학교	하나님의 강력한 군대로 쓰임 받을 기도의 전사들을 길러 내고자 기획되었다. 특히 강력한 영성 원리인 '4차원의 영성'을 통해 중보자의 영적 성장을 돕고 효과적인 중보기도의 방법을 익힐 수 있다.
4차원의 영성 전도 학교	여의도순복음교회 성도들의 전도 열정과 비법을 분석하고 이것을 7단계 전도 훈련 프로그램으로 기획했다. 막연히 온 힘을 다해 전도하라는 메시지가 아닌 더욱 체계적인 과정으로 전도자를 양육할 수 있도록 했다.
4차원의 영성 학교	4차원의 생각, 믿음, 꿈, 말의 중요성을 탐구하고 4차원의 영성을 직접 삶에 적용함으로써 우리의 삶을 변화시키는 놀라운 일들을 체험할 수 있도록 돕는다.
영적 교제 학교	영적 교제의 참된 의미가 무엇인지를 깨닫고 실천함으로써 관계의 회복과 치유를 경험하고 풍성한 삶의 기쁨을 누릴 수 있도록 한다.
찬양 학교	성도들에게 찬양의 중요성과 역할을 일깨워 주고 찬양을 통해 하나님과의 깊은 관계를 유지하며 기쁨의 삶을 누리게 한다. 더불어 찬양인도자의 바른 자세를 알려줌으로써 교회성장을 돕는다.
하나님의 소명 학교	성도들이 소명의 참된 의미를 깨닫고 하나님 안에서 자신의 소명을 발견할 수 있도록 한다. 부르심에 순종하는 삶을 통해 하나님의 은혜를 경험하고 삶의 현장에서 소명자로서 살아가도록 한다.
가정 성장 학교	성도들에게 가정을 다시 한 번 돌아보는 기회를 제공함으로써 더욱 깊은 사랑으로 성숙할 수 있도록 돕는다. 깨어진 가정이 있다면 회복과 함께 더욱 건강한 신앙의 공동체가 되게 한다.

결혼 예비 학교	결혼을 앞둔 크리스천 청년들에게 사랑과 결혼에 대한 하나님의 뜻과 계획, 그리고 여러 현실적인 문제에 대한 성경의 가르침을 제공한다.
자녀 양육 학교	그리스도인으로서 참된 자녀 양육의 필요성과 좋은 부모의 역할을 이해하고, 자녀가 예수님을 전인적으로 영접하고 주님 안에서 큰 비전을 품을 수 있도록 성장할 수 있게 하는 교육 방법을 배운다.
크리스천 웰빙 학교	음식, 신체리듬, 레저, 주거환경, 문화예술, 공동체 등의 부분에서 성경적 웰빙과 비성경적 웰빙의 관계를 이해하고, '전인건강'을 추구하는 삶을 통해 건강한 신앙생활을 경험하도록 한다.
크리스천 재정 학교	돈과 물질을 하나님의 관점에서 바라보는 방법을 배우고, 재정을 하나님의 뜻에 맞게 활용하도록 훈련한다. 성도들의 올바른 재정생활을 통해 교회성장과 부흥을 경험할 수 있다.
사회 봉사 학교	봉사의 필요성을 인식하고 올바른 봉사의 자세를 배워 예수님의 사랑을 실천하도록 한다. 이로써 이기적인 욕심에서 벗어나 정결과 보람과 행복을 누리도록 돕는다.
대화 학교	좋은 대화의 원리와 방법을 습득하고 훈련하여 성숙하고 아름다운 대화자가 되게 함으로써 가정과 교회를 건강하게 세우는 것을 목적으로 한다.

4부 | MTS 관련 자료

1. MTS 각 학교 결단 목록

한 학교가 진행된 후 실시되는 워크샵에서 '결단의 시간 및 예배'(마지막 순서)의 시간을 갖게 된다. 결단 리스트의 예시는 다음과 같다.

1. 신앙 입문 학교 결단 목록

1) 나는 창조주 하나님만을 믿고 섬길 것을 결단합니다.
2) 나는 죄인된 우리를 구원하신 하나님의 사랑을 평생토록 신뢰할 것을 결단합니다.
3) 나는 우리를 살리기 위해 십자가에서 죽으신 예수님을 영접하며 따를 것을 결단합니다.
4) 나는 부활의 기쁨을 매일 맛보며 살 것을 결단합니다.
5) 나는 구원의 값비싼 은혜를 매일 느끼며 살 것을 결단합니다.
6) 나는 이 땅에서 하나님의 자녀답게 살아갈 것을 결단합니다.
7) 나는 하나님의 말씀 중심으로 살아갈 것을 결단합니다.
8) 나는 교회를 중심으로 신앙생활을 해나갈 것을 결단합니다.
9) 나는 영적 성장을 위해 꾸준히 노력할 것을 결단합니다.
10) 나는 작은 예수로서 세상을 향해 봉사하고 섬기며 살 것을 결단합니다.

2. 성경 가이드 학교 결단 목록

1) 나는 성경이 하나님의 말씀임을 믿을 것을 결단합니다.
2) 나는 성경이 하나님이 나에게 주신 편지임을 믿을 것을 결단합니다.
3) 나는 성경을 늘 사모하며 가까이 할 것을 결단합니다.
4) 나는 머리가 아니라 가슴으로 성경을 읽을 것을 결단합니다.
5) 나는 말씀 가운데서 하나님의 뜻을 발견하고자 노력할 것을 결단합니다.
6) 나는 성경을 더 깊이 알기 위해 성경공부에도 힘쓸 것을 결단합니다.
7) 나는 중요한 말씀들을 암송함으로 더 깊이 마음에 새길 것을 결단합니다.
8) 나는 성경을 함부로 해석하거나 성경으로 누군가를 함부로 판단하지 않을 것을 결단합니다.
9) 나는 어떤 상황에서도 성경의 원리를 먼저 떠올릴 것을 결단합니다.
10) 나는 성경적인 삶으로 세상에 빛과 소금이 될 것을 결단합니다.

3. 큐티 학교 결단 목록

1) 나는 큐티를 통해 말씀과 가까이 할 것을 결단합니다.
2) 나는 매일 큐티할 것을 결단합니다.
3) 나는 큐티를 통해 깨달은 바를 반드시 삶에 적용할 것을 결단합니다.
4) 나는 깨끗한 마음으로 큐티의 자리에 나갈 것을 결단합니다.
5) 나는 시간을 정해두고 큐티할 것을 결단합니다.
6) 나는 이해하기 어려운 말씀이 있을 때 하나님의 뜻을 깨닫고자 끝까지 기도하고 노력할 것을 결단합니다.
7) 나는 그룹 큐티에 참여할 것을 결단합니다.
8) 나는 그룹 큐티를 통해서 지체들과 더욱 하나가 될 것을 결단합니다.
9) 나는 내 의지대로 말씀을 해석하고 적용하려고 하지 않을 것을 결단합니다.
10) 나는 큐티를 통해 내 삶을 인도하시는 하나님을 늘 믿을 것을 결단합니다.

4. 예배 학교 결단 목록

1) 나는 하나님이 기뻐하시는 예배를 드리기 위해 헌신할 것을 결단합니다.
2) 나는 오직 하나님만을 높이는 예배를 드릴 것을 결단합니다.
3) 나는 예배를 사모하며 기대할 것을 결단합니다.
4) 나는 온전히 하나님께만 영광이 되는 찬양과 기도를 할 것을 결단합니다.
5) 나는 설교시간에 임하는 하나님의 말씀을 붙들고 매일을 살아갈 것을 결단합니다.
6) 나는 헌신과 교제를 통해서도 하나님께 예배할 것을 결단합니다.
7) 나는 성례전에 담긴 본질의 의미를 늘 기억할 것을 결단합니다.
8) 나는 준비된 예배자가 될 것을 결단합니다.
9) 나는 주일뿐만이 아니라 평일에도 삶의 예배를 드릴 것을 결단합니다.
10) 나는 세상에 나가서도 예배자로서 우뚝 설 것을 결단합니다.

5. 성령 학교 결단 목록

1) 나는 성령 하나님을 믿고 따를 것을 결단합니다.
2) 나는 성령님의 인도하심을 구하며 살아갈 것을 결단합니다.
3) 나는 매일 성령님을 모셔드릴 것을 결단합니다.
4) 나는 성령님의 역사를 인정하며 살 것을 결단합니다.
5) 나는 성령님의 사람으로 살아갈 것을 결단합니다.
6) 나는 성령충만한 삶을 살 것을 결단합니다.
7) 나는 성령님을 훼방하지 않을 것을 결단합니다.
8) 나는 성령의 은사를 사모할 것을 결단합니다.
9) 나는 성령의 은사를 올바르게 사용할 것을 결단합니다.
10) 나는 성령의 열매를 맺는 삶을 살 것을 결단합니다.

6. 소그룹 리더 학교 결단 목록

1) 나는 하나님이 기뻐하시는 소그룹을 만들기 위해 헌신할 것을 결단합니다.
2) 나는 우리의 소그룹을 위해 매일 중보할 것을 결단합니다.
3) 나는 소그룹 구성원 모두를 아끼고 사랑할 것을 결단합니다.
4) 나는 건강한 소그룹을 만들기 위해 바른 행동을 할 것을 결단합니다.
5) 나는 앞으로 소그룹의 리더로서 헌신할 것을 결단합니다.
6) 나는 앞으로 다른 소그룹의 리더들을 위해서도 기도할 것을 결단합니다.
7) 나는 또 다른 소그룹 리더를 세워 나갈 것을 결단합니다.
8) 나는 교회 안에 많은 소그룹이 활성화되도록 노력할 것을 결단합니다.
9) 나는 하나되는 소그룹을 만들어 나갈 것을 결단합니다.
10) 나는 우리의 소그룹이 다른 소그룹과도 화목할 수 있도록 노력할 것을 결단합니다.

7. 전도자 훈련 학교 결단 목록

1) 나는 하나님의 명령이자 소원인 전도를 위해 헌신할 것을 결단합니다.
2) 나는 전도자로 부르심받았다는 사실에 대해 늘 감사할 것을 결단합니다.
3) 나는 잃어버린 영혼을 영의 눈으로 바라보며 긍휼히 여길 것을 결단합니다.
4) 나는 말로만이 아니라 삶으로도 비신자를 전도할 것을 결단합니다.
5) 나는 전도를 위해 매일 기도할 것을 결단합니다.
6) 나는 전도를 위해 매일 말씀을 읽고 묵상할 것을 결단합니다.
7) 나는 때를 얻든지 못 얻든지 전도의 기회를 찾기 위해 노력할 것을 결단합니다.
8) 나는 덕이 되지 않는 방법으로 전도하지 않을 것을 결단합니다.
9) 나는 한 영혼이라도 더 구원받을 수 있도록 긴장감을 놓지 않을 것을 결단합니다.
10) 나는 내 의지나 욕심으로가 아니라 예수님의 사랑에 근거하여 전도할 것을 결단합니다.

8. 새가족 양육자 학교 결단 목록

1) 나는 새가족을 끝까지 붙들기 위해 헌신할 것을 결단합니다.
2) 나는 새가족의 양육을 위해 늘 중보할 것을 결단합니다.
3) 나는 새가족이 교회에 잘 적응할 수 있도록 헌신할 것을 결단합니다.
4) 나는 새가족에게 신앙의 본이 되는 양육자가 될 것을 결단합니다.
5) 나는 새가족을 나의 영적 가족으로 여길 것을 결단합니다.
6) 나는 새가족이 또 다른 사역자로 세워질 때까지 함께할 것을 결단합니다.
7) 나는 언제나 새가족을 기쁨으로 맞이할 것을 결단합니다.
8) 나는 새가족의 기쁨과 슬픔을 함께 나눌 것을 결단합니다.
9) 나는 새가족에게 영적인 관심을 놓치지 않을 것을 결단합니다.
10) 나를 새가족 양육자로 세우신 하나님께 늘 감사할 것을 결단합니다.

9. 가정 행복 학교 결단 목록

1) 나는 하나님이 기뻐하시는 가정을 만들기 위해 노력할 것을 결단합니다.
2) 나는 나의 배우자를 끝까지 사랑할 것을 결단합니다.
3) 나는 아버지(어머니)로서 자녀를 올바르게 키우고 아껴줄 것을 결단합니다.
4) 나는 부모님께 몸과 마음으로 평생 효도할 것을 결단합니다.
5) 나는 가족구성원으로서 역할을 올바르게 감당할 것을 결단합니다.
6) 나는 우리의 가정이 예배하는 가정으로 세워질 수 있도록 노력할 것을 결단합니다.
7) 나는 어떤 위기 속에서도 가족을 아끼고 보살필 것을 결단합니다.
8) 나는 가족의 원활하고 건강한 소통을 위해 노력할 것을 결단합니다.
9) 나는 어떤 순간에도 마음으로 가족과 함께하는 가족구성원이 될 것을 결단합니다.
10) 나는 모범이 되는 가정을 세우기 위해 노력할 것을 결단합니다.

10. 기도 학교 결단 목록

1) 나는 기도를 통해 하나님과 대화하고 소통할 것을 결단합니다.
2) 나는 어떤 상황에서도 먼저 기도로써 하나님을 의지할 것을 결단합니다.
3) 나는 기도 시간을 따로 마련하여 하나님과 만날 것을 결단합니다.
4) 나는 다른 일을 하면서도 하나님과 대화함으로써 쉬지 않고 기도할 것을 결단합니다.
5) 나는 중보기도로 사람들을 품을 것을 결단합니다.
6) 나는 하나님이 기도에 응답하시는 분임을 잊지 않을 것을 결단합니다.
7) 나는 기도의 능력을 늘 기억할 것을 결단합니다.
8) 나는 기도를 통해 온전한 회개의 제사를 드릴 것을 결단합니다.
9) 나는 기도를 통해 하나님께 찬양과 감사의 고백을 올려드릴 것을 결단합니다.
10) 나는 성령님께 의지하여 기도할 것을 결단합니다.

2. MTS 관련 서식

1) MTS 소그룹 리더 임명장

제 호

MTS 소그룹 리더 임명장

이 름 : ○○○

위의 사람은 ○○○교회

MTS ○○학교의 소그룹 리더로서

임명하여 이 증서를 수여합니다.

20 년 월 일

담임목사 : (인)

○○○교회

2) 등록 카드 1

<table>
<tr><td colspan="4">MTS 등록 카드</td><td rowspan="2">사진</td></tr>
<tr><td>성 명</td><td></td><td>등 록 일</td><td></td></tr>
<tr><td>주 소</td><td></td><td>연 락 처</td><td></td><td></td></tr>
<tr><td>생년월일</td><td></td><td>세례(침례)일</td><td></td><td></td></tr>
<tr><td colspan="5">가 족 사 항</td></tr>
</table>

성 명	관 계	성 별	생년월일	종 교	직 분	비 고

3) 등록 카드 2

MTS 등록 신청서

No.

성 명	한글 한자	생년월일	년 월 일 (양/음)
주 소		전 화	
소 속		직 분	
학교명			

위와 같이 신청합니다.

20 년 월 일

신 청 인 : (인)

ㅇㅇㅇ교회

4) 안내장과 결합된 등록 카드

_______________ 성도님께

하나님의 크신 축복과 은혜가 댁내에 늘 충만하기를 기원합니다.

이번 분기에 저희 ○○○교회에서는 MTS 훈련 시스템을 시작하게 되었습니다(MTS는 평신도를 작은 예수의 삶을 사는 사역자로 세우기 위한 체계적 교육 과정입니다).

특히 이번 분기에는 ○○학교, ○○학교를 시행하게 되었습니다.

뜻이 있으신 분은 아래 등록 신청서에 간단한 신상을 기재하신 후 제출해 주시기 바랍니다.

[세부 내용 안내]

교육내용 :
시　　간 :

------------------------ 절 취 선 ------------------------

MTS 등록 신청서

성 명	한글 한자	생년월일	년 월 일 (양/음)
주 소		전 화	
소 속		직 분	
학교명			

○○○교회

5) MTS 명찰

● 소그룹 구성원용

MTS 정규 과정 (   )학교

(   )반 훈련생

홍길동

● 지도자용

MTS 정규 과정

(   )반 소그룹 리더

홍길동

● 강사용

MTS 정규 과정

강사

홍길동

6) MTS 입학식 순서지

MTS 입학식 순서

찬 양	------------ ( )장 ----------	다 같 이
신앙고백	------------ 사도신경 ------------	다 같 이
찬 양	------------ ( )장 ----------	다 같 이
대표기도	------------ (아 멘) ------------	대표 실행위원
성경봉독	------------ ( )------------	사 회 자
설 교	-------- ( ) --------	담임목사
기 도	--	다같이
MTS 개요 소개	--	대표 실행위원
소그룹 리더 임명	--	담임목사
선서 시간	--	다같이
광 고	--	대표 실행위원
찬 양	------------ (아 멘) ------------	다 같 이
축 사	--	담임목사

7) MTS 실행 기록 일지

MTS 실행 기록 일지

20　년　월　일

<table>
<tr><td rowspan="2">담당리더</td><td>성 명</td><td>한글</td><td></td><td>직분</td><td></td></tr>
<tr><td>소 속</td><td colspan="4"></td></tr>
<tr><td rowspan="5">교육사항</td><td>학교명</td><td colspan="4"></td></tr>
<tr><td>모임인원</td><td colspan="4">재 적(　　　명)
참석자(　　　명)</td></tr>
<tr><td>교육내용</td><td colspan="4"></td></tr>
<tr><td>모임시간</td><td colspan="4"></td></tr>
<tr><td>모임장소</td><td colspan="4"></td></tr>
<tr><td colspan="2">중보기도 제목</td><td colspan="4"></td></tr>
</table>

○ ○ ○ 교회

8) MTS (　　　)학교 개인 주소록

MTS (　　　)학교 개인 주소록

성 명		집전화	
생 일		휴대폰	
주 소			
E-mail			

성 명		집전화	
생 일		휴대폰	
주 소			
E-mail			

성 명		집전화	
생 일		휴대폰	
주 소			
E-mail			

성 명		집전화	
생 일		휴대폰	
주 소			
E-mail			

성 명		집전화	
생 일		휴대폰	
주 소			
E-mail			

성 명		집전화	
생 일		휴대폰	
주 소			
E-mail			

성 명		집전화	
생 일		휴대폰	
주 소			
E-mail			

성 명		집전화	
생 일		휴대폰	
주 소			
E-mail			

성 명		집전화	
생 일		휴대폰	
주 소			
E-mail			

성 명		집전화	
생 일		휴대폰	
주 소			
E-mail			

성 명		집전화	
생 일		휴대폰	
주 소			
E-mail			

성 명		집전화	
생 일		휴대폰	
주 소			
E-mail			

성 명		집전화	
생 일		휴대폰	
주 소			
E-mail			

성 명		집전화	
생 일		휴대폰	
주 소			
E-mail			

9) 수료 증명서

수 료 증

이 름 :

주 소 :

MTS 학교 :

교육기간 :

교육내용 :

위 사람은 ○○○교회의 MTS ○○학교를 다음과 같이 수료하였음을 증명합니다.

－다 음－

1. 기 간 : 20 년 월 일 ~ 20 년 월 일 (00일간)

2. 장 소 :

20 년 월 일

○○○교회

10) MTS 훈련 서약서

MTS 훈련 서약서

하나님께서 ○○○교회를 통하여 위임하신 평신도 사역자 세우는 일을 위하여 훈련멘토 ○○○와 훈련자 ○○○는 하나님과 ○○○교회 앞에서 이번 MTS 제자화 과정 1단계 ○○학교 8주 과정에 다음의 내용을 성실하게 지킬 것을 엄숙히 서약합니다.

1. 주어진 8주 동안 모든 모임에 적극적이고 능동적으로 임하겠습니다.
2. 목회자에게 배우고, 목회자를 돕고, 목회자와 함께 사역하려는 마음으로 임하겠습니다.
3. 훈련멘토(목회자)와 다른 훈련자들에게 열린 마음으로 섬기겠습니다.
4. 훈련기간 동안 성실하게 예습하고 복습하며 훈련에 임하겠습니다.
5. 훈련기간 동안 부과되는 과제물과 실천 프로그램을 철저히 따르겠습니다.
6. 훈련을 수료한 후에도 하나님의 인도를 따라 훈련멘토는 훈련자에 대하여 아비와 스승의 마음으로 지원하며, 훈련자는 훈련멘토를 영적 지도자로 섬기고 동역하겠습니다.

서약자

훈련멘토 : ○○○ (인)

훈 련 자 : ○○○ (인)

20 년 월 일

○○○교회

11) MTS 전체 출석부

MTS 전체 출석부

● 학교 : ○○ 학교

NO	이 름	1주	2주	3주	4주	5주	6주	7주	8주	
1										
2										
3										
4										
5										
6										
7										
8										
9										
10										
11										
12										
13										
14										
15										
16										
17										
18										
19										
20										
21										

12) MTS 주제 강의 교안

MTS 주제 강의 교안

20 년 월 일
담당 교역자 :

학 교 명				
제 과				
주 제 성 구				
강 의 내 용	도 입			
	전 개			
	마무리			
	예 화			
평가 및 반성	의 견			
	장 점		단 점	

13) MTS 학교별 연간 일정표

월별	날짜	각 학교별 일정표			
		○○ 학교	○○ 학교	○○ 학교	○○ 학교
1					
2					
3					
4					
5					
6					
7					
8					
9					
10					
11					
12					

14) MTS 평신도 사역자 위임장

MTS 평신도 사역자 위임장

Ministry Training School Lay Minister Certification

이름 :

귀하는 한국 교회 평신도를 제자화시키고
제자를 사역자화시키는 MTS 훈련 과정에
참석하셔서 전과정을 성실히 이수하였기에
본 교회의 평신도 사역자로 위임합니다.

20 년 월 일

담임목사 ○ ○ ○

○ ○ ○ 교회

15) MTS 수료식 순서지

MTS 수료식 순서

찬　양	----------( )장 ----------	다 같 이
신앙고백	---------- 사도신경 ----------	다 같 이
찬　양	----------( )장 ----------	다 같 이
대표기도	---------- (아 멘) ----------	대표 실행위원
성경봉독	---------- ( ) ----------	사 회 자
설　교	-------- ( ) -------	담임목사
기　도	------------------------------	다같이
축하인사	------------------------------	대표 실행위원
모범 수료생 시상식	------------------------------	담임목사
간　증	------------------------------	대표자
파송시간	------------------------------	다같이
광　고	------------------------------	대표 실행위원
파송찬양	---------- (아 멘) ----------	다 같 이
축　사	------------------------------	담임목사

16) MTS 평신도 사역자 임명장

MTS 평신도 사역자 임명장

성 명		성별		생년 월일	
소속 및 직분					
주 소					
연락처	(자택)		(휴대폰)		
파송일	20 년 월 일	파송 사역지			
직 책		사역내용			

위 사람은 본 ○○○○의 ○○○○로 파송받아 평신도 사역에
헌신하게 되었음을 증명합니다.

20 년 월 일

담임목사 : (인)

○○○교회

MTS 운영 매뉴얼

초판 1쇄 발행 2012년 12월 28일
초판 2쇄 발행 2013년 12월 13일

발행인 이영훈
펴낸곳 교회성장연구소
편집인 이장석
편집장 노인영
기획 및 편집 박은혜 김태희 백지희
디자인 박진실
마케팅 김미현 이경재 문기현
MTS 사역 김미현 이기쁨
행 정 박경희 김수정

등록번호 제12-177호
주 소 서울특별시 영등포구 여의공원로 101번지 CCMM빌딩 9층 901A호
전 화 02-2036-7912~3
팩 스 02-2036-7910
웹사이트 www.pastor21.net
MTS 전문몰 www.pastormall.net

ISBN 978-89-8304-212-5 04230

※ 책 가격은 뒤표지에 있습니다.
※ 잘못 만들어진 책은 바꿔 드립니다.

"무슨 일을 하든지 마음을 다하여 주께 하듯 하라" (골 3:23)

교회성장연구소는 한국 모든 교회가 건강한 교회성장을 이루어 하나님 나라에 영광을 돌리는 일꾼으로 성장하는 것을 목표로, 목회자의 사역은 물론 성도들의 영적 성장을 도울 수 있는 필독서들을 출간하고 있다. 주를 섬기는 사명감을 바탕으로 모든 사역의 시작과 끝을 기도로 임하며 사람 중심이 아닌 하나님 중심으로 경영한다. "무슨 일을 하든지 마음을 다하여 주께 하듯 하라"는 말씀을 늘 마음에 새겨 하나님이 주신 사명을 기쁨으로 감당한다.